Dottoressa Giulia Biondi

IIL PRIMO RICETTARIO

del Metodo Bilanciamo

Non dovrai fare una dieta mai più, è una promessa

Questo ricettario è scritto dalla Dottoressa Giulia Biondi che ha ideato il Metodo Bilanciamo

Questo libro è a cura di Maria Beatrice Alonzi per Giulia Biondi

Copertina di Maria Beatrice Alonzi

INDICE

INTRODUZIONE

Uno dei vantaggi del metodo Bilanciamo è quello di permettere una riorganizzazione della propria alimentazione senza ricorrere a piatti particolari, ma semplicemente imparando a conoscere bene ciò che già fa parte della nostra tradizione culinaria. È possibile un'alimentazione equilibrata e gustosa anche senza stravolgere le proprie abitudini: basta variare ed essere consapevoli di ciò che si mangia. Da queste ricette non viene richiesto un consistente dispendio di tempo nella preparazione, nessuno sforzo maggiore rispetto a quello che tutti i giorni compiamo per fare la spesa, cucinare e organizzare i pasti: il tutto viene soltanto bilanciato. Come? Con il metodo Bilanciamo che hai imparato in questo manuale e con gli spunti che troverai in questo ricettario.

Avvicinarsi a un mondo vasto e complesso come l'alimentazione richiede tempo, interesse e voglia di sperimentare. È un percorso progressivo che parte da una maggiore consapevolezza e arriva sino alla possibilità di inserire qualcosa di nuovo sulla propria tavola. Questo libro ti fornisce centinaia di ricette nate nei lunghi anni come collaboratrice, consulente, esperta dell'alimentazione per ristoranti, centri sportivi, istituti di ricerca. Possono essere piatti ipocalorici, senza glutine, senza lattosio, senza uova. Possono essere privi di grassi, ad alto dosaggio proteico, poveri di carboidrati. Sono frutto di una ricerca non solo biochimica, ma anche culinaria: gusto e benessere devono camminare insieme e in questi piatti scoprirai che è possibile godersi una fetta di torta senza caricarsi sulle spalle un peso eccessivo di calorie. Possono essere la risposta a tutti quelli che presentano intolleranze e hanno bisogno di pasti sostitutivi, magari gluten free, oppure per tutti quelli che hanno voglia di scoprire soluzioni alternative e più salutari agli ingredienti solitamente utilizzati.

Insomma in queste pagine troverai un condensato delle migliori ricette sviluppate nel corso di anni, ricette testate e approvate sia da un punto di vista nutrizionale sia da un punto di vista culinario. Per prepararle è stato necessario uno studio lungo e ragionato per trovare l'equilibrio tra sapore e nutrimento, perciò quando è possibile una variazione è stata mia premura inserirla tra gli ingredienti. In caso contrario cerca di rispettare quanto scritto e sii consapevole del fatto che queste ricette sono calibrate sotto ogni aspetto, perciò ogni modifica le renderà diverse in modo sostanziale. Ovviamente solo tu saprai qual è la porzione giusta per te: dovrai calcolarla con il metodo Bilanciamo!

Troverai sicuramente le alternative più adatte al tuo stile di vita: ho cercato di accontentare le esigenze di sportivi, di intolleranti, di chi vuole sperimentare.

Non ti è ancora venuta voglia di provarle?

RICETTE DOLCI

TORTA COCCO E CIOCCOLATO

Ingredienti:

- 100 g cocco rapè
- 150 g farina di riso
- 100 g eritritolo/oppure 80 g zucchero di cocco/canna
- 1 bustina di lievito per dolci
- 300 ml latte di cocco/riso
- 30 ml olio evo
- 40 g cioccolato fondente 85%

Preparazione:

1. Unire in una ciotola tutte le polveri: farina, lievito, cocco, eritritolo/zucchero e girare bene per rendere tutto omogeneo. Aggiungere l'olio evo e il latte di cocco.
2. Amalgamare bene con l'aiuto di un cucchiaio di legno e versare in ultimo il cioccolato a pezzetti.
3. Rivestire una teglia da 20 cm con carta forno e infornare a 180°C in forno statico per 35 minuti circa.
4. Fare sempre la prova dello stecchino.

CIAMBELLA DI CAROTE

Ingredienti:

- 400 g carote julienne
- Scorza di limone bio grattugiata
- 200 g farina di riso integrale
- 70 g farina di mandorla
- 300 ml albume
- 70 g zucchero di cocco/canna/90 g eritritolo
- 1 bustina di lievito per dolci
- Zenzero/cannella in polvere q.b.

Preparazione:

1. Tagliare le carote alla julienne e unire la scorza di un limone bio grattugiata.
2. Montare l'albume con un pizzico di sale e lo zucchero.
3. Aggiungere le farine e il lievito alla crema di albume e zucchero. Amalgamare per bene e montare con le fruste elettriche.
4. Aggiungere le carote e le spezie al tutto e girare per creare un impasto uniforme.
5. Oliare e infarinare il testo da ciambellone (22 cm) e versare l'impasto all'interno.
6. Infornare a 180°C in forno statico, già caldo da 10 minuti almeno, per 45 minuti (i primi 35 statico, poi ventilato). Fare la prova dello stecchino e poi tirare fuori a cottura ultimata.
7. Far freddare bene prima di togliere dallo stampo.

COOKIES AL CIOCCOLATO

Ingredienti per 15 cookies:

- 60 g farina integrale/farro
- 60 g farina di riso
- 15 g farina di cocco
- 30 ml olio evo
- 30 g miele millefiori
- 60 ml latte di cocco/mandorla
- 1 pizzico di bicarbonato
- 1 pizzico di sale
- Gocce di cioccolato q.b.
- 10 noccioline tritate

Preparazione:

1. Unire le farine e il resto degli ingredienti secchi in una ciotola.
2. Girare bene e poi aggiungere miele, latte e olio (se occorre anche un pochino in più di latte). Aggiungere cioccolato e noccioline e continuare ad ammassare l'impasto.
3. Stendere su di un piano appena infarinato.
4. Con gli stampini realizzate i cookies e infornate a 180°C forno statico per circa 15 minuti (forno statico).

CROSTATA AL BURRO DI ARACHIDI

Ingredienti:

- 150 g albume/2 uova
- 120 g burro di arachidi
- 70 g zucchero di cocco o canna
- 180 g farina di farro/integrale
- 100 g farina integrale
- 8 g lievito per dolci
- Marmellata di mirtilli senza zucchero

Preparazione:

1. Sciogliere il burro di arachidi in una terrina e unire man mano tutti gli ingredienti. Maneggiare fino a ottenere un composto liscio e omogeneo.
2. Stendere su carta forno metà dell'impasto e creare uno strato tondo e abbastanza fino. Inserire la base in una teglia da 24 cm lasciando i bordi più alti.
3. Aggiungere il ripieno di marmellata e poi coprire con il secondo pezzo di impasto, anche questo steso bene con il mattarello a forma circolare.
4. Bucherellare in superficie e cuocere per 25/30 minuti in forno statico a 200°C.

CIAMBELLONE PROTEICO

Ingredienti:

- 150 g farina di farro
- 150 g farina 0/00
- 500 ml albume
- 50 g proteine alla vaniglia
- 50 g eritritolo/30 g zucchero di canna
- 50 ml olio evo
- Latte q.b. (scremato o di riso o avena)
- 1 bustina lievito per dolci
- 1 bustina vanillina
- 1 pizzico di sale
- Scorza di limone

Preparazione:

1. Con le fruste elettriche, montare gli albumi a neve fermissima con un pizzico di sale e una spruzzata di succo di limone.
2. Aggiungere lo zucchero e continuare a montare.
3. A parte in una ciotola, unire le farine con le proteine.
4. Unire a poco a poco gli ingredienti secchi con la spuma di albume e zucchero, l'olio e girare con la spatola dal basso verso l'alto per evitare di smontare gli albumi. Unire la scorza del limone grattugiata, la vanillina e il lievito continuando ad amalgamare.

5. Se l'impasto non risulta liscio e omogeneo, aggiungere un pochino di latte.
6. Versare il tutto in una teglia da 24 cm per ciambellone (di silicone o appena oliata con lo scottex e infarinata per non far attaccare l'impasto). Infornare a forno ben caldo, per 40 minuti a 170°C forno statico, controllando con lo stecchino prima di sfornare.

MELA CAKE

Ingredienti:

- 250 g farina integrale
- 500 g albume
- 150 g ricotta light
- 100 g eritritolo/80 g zucchero di cocco/canna
- 1 bustina di lievito per dolci
- 2 mele Fuji
- Cannella q.b.
- Scorza di mezzo limone

Preparazione:

1. Prendere gli albumi freddi di frigo e montarli a neve con eritritolo o zucchero.
2. Aggiungere pian piano la ricotta precedentemente setacciata e poi la farina. Mescolare bene dal basso verso l'alto e aggiungere la scorza di limone e il lievito.
3. Versare in teglia da 22 cm e distribuire le fettine di mela, sbucciata e tagliata molto fina, su tutta la superficie. Infornare a 180°C forno statico per 35/40 minuti in modalità statica.
4. Fare sempre la prova dello stecchino prima di sfornare definitivamente.

GELATO BILANCIATO

Ingredienti:

- 2 banane mature
- 170 g yogurt greco 0%
- 1 cucchiaio di burro di arachidi
- 20 g cioccolato fondente

Preparazione:

1. Tagliare le banane a rotelle, mettere in una vaschetta per alimenti e congelare per almeno 3 ore.
2. Frullare con il minipimer fino a ottenere una consistenza omogenea.
3. Aggiungere lo yogurt, il burro di arachidi e il cioccolato tagliato a pezzetti.
4. Amalgamare per bene con un cucchiaio e rimettere in congelatore per 45 minuti.
5. Servire in coppetta

COLOMBINE LEGGERE

Ingredienti:

- 400 g farina di farro/integrale
- 100 ml olio evo
- 100 ml latte di mandorla
- 100 g di eritritolo/80 g zucchero di cocco/canna
- 25 g lievito di birra
- 50 ml acqua
- 1 fialetta di aroma alla mandorla
- Scorza grattugiata di un limone
- Scorza grattugiata di un'arancia

Preparazione:

1. Creare una spuma montando con le fruste elettriche il latte di mandorla, lo zucchero e l'olio evo.
2. Sciogliere il lievito in un pochino di acqua tiepida e aggiungere al tutto insieme all'aroma di mandorla e alla scorza di agrumi grattugiata.
3. Ora unire a mano a mano la farina e creare un impasto liscio e omogeneo.
4. Mettere l'impasto negli stampini da colomba e far lievitare circa 2 ore coperto con pellicola trasparente.
5. Per la glassa: unire e mescolare per bene 100 ml di albume con 100 gr di zucchero a velo di canna, 50 g di mandorle tritate e granella di zucchero q.b.(facoltativa).

6. Accendere il forno a 180°C e, prima di infornare, guarnire le colombine con la glassa.
7. Cuocere per 30 minuti in forno statico ben caldo e una volta arrivate a cottura, lasciare raffreddare per un'oretta in luogo asciutto.

TARTUFINI BILANCIATI

Ingredienti per 24 tartufini:

- 220 g di ricotta fresca/spalmabile veg
- 50 g cocco macinato
- 80 g miele mille fiori o agave
- Cacao amaro q.b.

Preparazione:

1. Amalgamare bene in una ciotola la ricotta o lo spalmabile veg con il cocco e il miele.
2. Creare delle palline grandi come una noce con le mani e passarle nel cacao amaro.
3. Disporre in un piatto ampio su carta forno e lasciare in frigo almeno 2/3 ore oppure fino a che non dovete servire a tavola.

STRUFFOLI LEGGERI

Ingredienti:

- 100 g farina integrale
- 1 cucchiaino di olio evo
- 50 ml albume (circa 2)
- Scorza grattugiata di ½ arancia
- Scorza grattugiata di ½ limone
- 6 g lievito per dolci
- 70 g miele
- Confettini o codette di zucchero colorate

Preparazione:

1. Unire tutti gli ingredienti tranne miele e confetti di zucchero, formare una bella palla di impasto liscia e poi ricavare tante palline piccole.
2. Mettere sulla teglia da forno rivestita di carta forno e cuocere per 8/10 minuti a 180°C (devono essere croccanti ma non dure, quindi non fatele cuocere troppo). Intanto in una padella antiaderente scaldare il miele e dopo circa 2 minuti aggiungere gli struffoli ancora caldi.
3. Amalgamare bene e rimuovere dal fuoco prima di decorare con pochi confettini di zucchero.

CROSTATA PROTEICA

Ingredienti:

- 100 g farina integrale
- 50 g proteine alla vaniglia/cioccolato
- 30 g zucchero di cocco/canna
- 1 albume
- 2 cucchiai di olio evo
- 50 g formaggio spalmabile (<10% di grassi)
- Scorza di mezzo limone
- ½ bustina di lievito
- Marmellata a scelta

Preparazione:

1. Realizzare la pasta frolla della crostata proteica come per la crostata normale, unendo tutti gli ingredienti tranne la marmellata.
2. Fare una "pallina" e avvolgere con la pellicola.
3. Mettere a riposare l'impasto in frigo per 30 minuti.
4. Stendere la frolla in teglia su carta forno tenendo da parte un pochino di impasto per fare le strisce.
5. Infornare a 180°C forno statico per 35/40 minuti fino a che non risulti dorata.

PASTIERA LEGGERA

Ingredienti per la frolla:

- 100 g albume
- 1 tuorlo
- 80 ml olio evo
- 90 g eritritolo/70 g zucchero di cocco/canna
- 250 g farina integrale/farro
- 8 g lievito per dolci

Preparazione:

1. Unire man mano tutti gli ingredienti in una terrina e maneggiare fino a ottenere un composto liscio e omogeneo.
2. Avvolgere in pellicola trasparente e lasciare in frigo 45 minuti.
3. Stendere su carta forno parte dell'impasto e creare uno strato della base abbastanza fino lasciando da parte un po' di impasto per creare le strisce.
4. Inserire la base in una teglia (20 cm di diametro per la base e 26 cm di diametro per la superficie) lasciando i bordi più alti.

Ingredienti per la farcitura:

- 400 g ricotta di mucca da banco non confezionata
- 80 g zucchero di canna
- 200 ml albume
- Scorza di un'arancia grattugiata

- 1 pizzico di cannella in polvere
- Essenza di arancia
- 200 g grano cotto
- 150 ml latte di riso
- Scorza di un limone
- 1 cucchiaio di miele

Preparazione:

1. Cuocere 20 minuti circa, a fuoco medio, il grano con latte di riso, miele e scorza di limone.
2. Aspettare che diventi abbastanza asciutto e poi lasciare raffreddare.
3. Intanto unire tutti gli altri ingredienti in una ciotola e amalgamare prima con un cucchiaio e poi con le fruste elettriche.
4. Aggiungere il grano cotto ben raffreddato e versare la crema nella teglia da 22 cm con la base della frolla stesa.
5. Coprire con le striscioline di frolla, rendendole belle fine, e infornare a 180°C forno statico per 70/80 minuti, spostando la pastiera al piano basso per gli ultimi 20 minuti.
6. Lasciare raffreddare a temperatura ambiente.
7. La pastiera si può conservare in frigo anche tre/quattro giorni.

TORTA PERE & CIOCCOLATO

Ingredienti:

- 250 g farina di farro
- 200 g albume
- 2 uova
- 150 g ricotta light
- 100 g eritritolo/ 80 g zucchero di cocco/canna
- 1 bustina di lievito per dolci
- 2 pere abate
- 2 cucchiai di cacao amaro
- Zenzero q.b.

Preparazione:

1. Prendere gli albumi freddi di frigo e montarli a neve con eritritolo o zucchero.
2. Aggiungere pian piano la ricotta precedentemente setacciata, i tuorli sbattuti a parte e poi la farina. Mescolare bene dal basso verso l'alto e aggiungere il cacao e il lievito.
3. Versare in teglia da 22 cm e distribuire le fettine di pera, sbucciata e tagliata molto fina, su tutta la superficie. Infornare a 180°C forno statico per 35/40 minuti.
4. Fare sempre la prova dello stecchino prima di sfornare definitivamente.

PANINI CON GOCCE DI CIOCCOLATO

Ingredienti per 8 panini:

- 280 g farina integrale/ farro
- 130 ml albume
- 100 g formaggio spalmabile (<10% di grassi)/yogurt greco
- 20 g miele/zucchero di canna
- 20 gocce dolcificante liquido
- ½ bustina di lievito per dolci
- Latte di riso o altro q.b.
- 40 g cioccolato fondente 70%

Preparazione:

1. Unire in un recipiente 200 g di farina, l'albume, il formaggio spalmabile, il miele e il lievito sciolto in un dito di latte. Girare bene e poi aggiungere il resto della farina.
2. Unire il cioccolato tagliato a pezzetti e amalgamare al tutto. Creare i paninetti e posizionarli su carta forno direttamente sulla griglia.
3. Spennellare la superficie con un pochino di albume e infornare a 170°C forno statico per 25/30 minuti.

BISCOTTI DI MANDORLA

Ingredienti per 15 biscotti:

- 50 g farina di riso
- 50 g farina di avena
- 40 g farina di mandorla
- 20 ml olio evo
- 20 g miele
- 50 g banana schiacciata
- Scorza di limone grattugiata
- Cannella q.b.

Preparazione:

1. Mettere in una ciotola ampia le farine e mescolare bene.
2. Aggiungere la banana schiacciata, la cannella, il miele, l'olio e amalgamare bene con una forchetta schiacciando e girando.
3. Impastare ora con le mani e creare 15 palline da posizionare poi su carta forno.
4. Schiacciare le palline di impasto per creare dei dischi larghi ma non troppo fini.
5. Cospargere di scaglie di mandorla.
6. Infornare a 180°C in forno ben caldo per 30 minuti modalità statica, fino a che non diventano dorati.
7. Tirare fuori e lasciare raffreddare per bene per farli indurire.

VENERE NERA

Ingredienti:

- 200 g farina di ceci
- 250 ml acqua
- 40 g cacao amaro
- 70 g zucchero di cocco/canna
- 30 g miele
- 50 g burro di arachidi/olio evo
- 8 g lievito per dolci
- 1 cucchiaio di liquore secco (brandy)
- Cannella q.b.
- 40 g cioccolato fondente a pezzetti

Preparazione:

1. Unire la farina di ceci con l'acqua e creare una pastella omogenea con le fruste elettriche o a mano.
2. Unire lo zucchero, il miele, il lievito, l'olio e continuare ad amalgamare.
3. Unire infine il cacao, la cannella e il liquore.
4. Girare bene e aggiungere il cioccolato a pezzetti lasciandone qualcuno da distribuire in superficie.
5. Mettere in teglia 22 cm diametro di silicone oppure rivestita da carta forno o appena oleata con carta scottex.
6. Cuocere in forno ben caldo, a 180°C statico, per 40/45 minuti, e fare la prova stecchino.
7. Lasciare raffreddare bene prima di toglierla dalla teglia.

COOKIES ALLA CANNELLA

Ingredienti per 18 cookies:

- 200 g farina di ceci
- 40 g cocco rapè
- 30 ml olio evo
- 40 ml acqua
- 60 g miele o agave
- Scorza grattugiata di un limone
- Cannella abbondante

Preparazione:

1. Tostare la farina di ceci in padella a fuoco basso fino a che non diventa un po' marroncina.
2. Mettere in una ciotola ampia e lasciar intiepidire. Aggiungere il cocco, la cannella, il miele e la scorza di limone e amalgamare bene con un cucchiaio schiacciando e girando.
3. Aggiungere in ultimo olio e acqua e girare sempre con il cucchiaio. Impastare ora con le mani e creare 18 palline da posizionare su carta forno.
4. Schiacciare le palline di impasto per creare dei dischi larghi ma non troppo fini.
5. Infornare a 180°C in forno ben caldo per 10 minuti a forno statico e 2/3 minuti a forno ventilato fino a che non saranno dorati.
6. Tirare fuori e lasciare raffreddare per bene per farli indurire.

CORNETTO PROTEICO

Ingredienti:

- 250 g farina di farro/integrale
- 40 g proteine cioccolato/vaniglia
- 40 g yogurt greco 0% o di soia
- 6 g lievito fresco
- 50 ml acqua
- 1 cucchiaio di miele
- 2 albumi
- 1 cucchiaio di olio evo
- Zucchero di canna in polvere bio q.b.

Preparazione:

1. Sciogliere il lievito in acqua e miele e aggiungere lo yogurt greco.
2. In un recipiente unire la farina con le proteine e poi aggiungere tutti gli altri ingredienti.
3. Amalgamare bene l'impasto e creare una sfera da lasciare a lievitare per circa 4 ore, coprendo il recipiente con pellicola trasparente.
4. Dividere l'impasto in 3 panetti e stenderli a forma di pizza su di una tavola di legno.
5. Spennellare ogni disco con l'emulsione di olio evo e albume. Farcire ogni velo di marmellata o miele o burro di arachidi o cioccolata (facoltativo).

6. Sovrapporre un disco sull'altro. Tagliare in 6 spicchi e partendo dal bordo di ogni spicchio iniziare ad arrotolare verso la punta creando i cornetti.
7. Spennellare tutti i cornetti con albume e spolverare con zucchero a velo di canna.
8. Infornare a 180°C forno statico per 15/20 minuti.
9. Lasciare raffreddare.
10. Conservare anche in congelatore in sacchetto per freschi.

CORNETTO PROTEICO SENZA GLUTINE

Ingredienti:

- 250 g farina per dolci senza glutine
- 40 g proteine veg alla vaniglia
- 40 ml latte di riso
- 10 g lievito fresco
- 50 ml acqua
- 1 cucchiaio di miele
- 1 uovo
- 60 g burro di cocco/olio evo

Preparazione:

1. Per spennellare creare un'emulsione di 2 cucchiai di olio evo e 1 albume, con zucchero di canna in polvere q.b.
2. Sciogliere il lievito in acqua e miele e aggiungere il latte.
3. In un recipiente unire la farina con le proteine e poi aggiungere tutti gli altri ingredienti.
4. Amalgamare bene l'impasto e creare una sfera che mettiamo a lievitare, coprendo il recipiente con pellicola trasparente, per circa 8 ore.
5. Dividere l'impasto in due panetti e stenderli a forma di disco molto fino su di una tavola di legno.
6. Spennellare ogni disco con l'emulsione di olio evo, zucchero a velo e albume.
7. Sovrapporre un disco sull'altro.

8. Tagliare in otto spicchi e partendo dal bordo di ogni spicchio iniziare ad arrotolare verso la punta creando i cornetti.
9. Spennellare tutti i cornetti con albume e spolverare con zucchero a velo di canna.
10. Infornare a 180°C per 15/20 minuti. Lasciare raffreddare.
11. Conservare anche in congelatore in sacchetto per freschi.

CIAMBELLINE AL VINO

Ingredienti:

- 220 g farina di farro/integrale
- 70 ml vino bianco
- 50 g miele millefiori
- 50 ml olio evo
- 20 g proteine alla vaniglia/80 g zucchero di canna e vaniglia q.b.
- 1 bustina di lievito per dolci
- 1 pizzico di sale

Preparazione:

1. Unire farina, proteine, lievito e sale in una ciotola.
2. Aggiungere miele, vino, olio e impastare fino a ottenere un impasto liscio.
3. Arrotolare l'impasto in pellicola trasparente e lasciare 1 ora in frigo.
4. Fare i filoncini di impasto e poi creare le ciambelline, panarle in un pochino di eritritolo o zucchero di cocco/canna e infornare a 180°C forno statico per 15 minuti circa.

CROSTATINE AI CEREALI SOFFIATI

Ingredienti per 5 crostatine:

- 50 g cereali soffiati al miele
- 1 cucchiaio di miele
- 1 cucchiaio di burro di arachidi

Preparazione:

1. Unire tutti gli ingredienti in una ciotola e amalgamare bene con un cucchiaio fino a ottenere un composto omogeneo.
2. Dividere l'impasto in 6 pirottini e con l'aiuto di un cucchiaino compattarli per bene e dare la forma del cestino.
3. Infornare a 180°C modalità statica per 15 minuti e poi lasciare freddare per bene prima a temperatura ambiente e poi in frigo 15 minuti.

Farcire con:

1. Yogurt greco e scaglie di fondente
2. Panna senza zucchero e granella di pistacchi

MUFFIN MORETTI

Ingredienti per 8 muffin:

- 150 g farina di farro/integrale
- 2 banane mature
- 100 g yogurt greco
- 80 ml albume
- 50 g miele/zucchero di cocco/canna
- ½ bustina di lievito per dolci
- 50 g cacao amaro
- Latte q.b.
- Gocce di cioccolato fondente q.b.

Preparazione:

1. Tagliare le banane a rotelle e poi creare una cremina usando il minipimer. Aggiungere lo yogurt, l'albume e il miele o lo zucchero e continuare ad amalgamare con il minipimer.
2. A parte, in una ciotola capiente, unire la farina con il lievito e il cacao e mescolare.
3. Unire i due composti, creare un impasto omogeneo, aggiungere le gocce di cioccolato e amalgamare con l'aiuto di un cucchiaio di legno (aggiungere un pochino di latte se resta poco cremoso il tutto).
4. Versare nei pirottini e infornare a forno ben caldo a 180°C, statico, per 25 minuti circa.
5. Fare sempre la prova stecchino.

TORTINI ALLE CILIEGIE

Ingredienti per 7 tortini:

- 250 g di fagioli cannellini cotti
- 1 uovo
- 40 g di farina di farro/integrale
- 20 g farina di mandorla
- 20 ml olio
- 80 g eritritolo/ 70 g zucchero di cocco/canna
- 4 g di lievito per dolci
- Scorza di limone grattugiata
- 10 ciliegie fresche

Preparazione:

1. Unire nel mixer i fagioli, l'uovo, lo zucchero, l'olio e frullare al massimo della potenza fino a renderlo una crema senza pezzetti.
2. Aggiungere la farina, il lievito e la scorza di limone e continuare ad amalgamare.
3. Denocciolare le ciliegie e unirle al tutto mescolando con un cucchiaio.
4. Versare l'impasto nei pirottini e infornare a 180°C forno statico per 25/30 minuti.

GELATO MIRTILLI E COCCO

Ingredienti:

- 150 g banana matura/fichi
- 200 g frutti rossi
- 1 yogurt di cocco
- 1 cucchiaio di cocco macinato

Preparazione:

1. Tagliare a rotelle la banana e mettere in congelatore insieme ai frutti rossi dentro apposito sacchetto per alimenti, una notte intera.
2. Frullare la frutta con lo yogurt di cocco ben freddo da frigo e il cocco macinato.
3. Rimettere in congelatore per 30 minuti e poi servire dividendo in 2 coppe.
4. Per renderlo più proteico, potete inserire 1 cucchiaio di proteine in polvere al posto del cocco macinato, sciogliendo le proteine nello yogurt prima di frullare con la frutta congelata.

TORTA HEALTHY

Ingredienti:

- 200 g piselli cotti
- 200 g ricotta light
- 100 ml albume o 1 uovo
- 100 g cocco macinato/rapè (no farina)
- 100 g farina di avena integrale
- 1 bustina di lievito
- 80 g zucchero di cocco/canna
- 7 datteri/prugne secche

Preparazione:

1. Unire e frullare per bene nel mix i piselli con la ricotta e l'albume fino a ottenere una crema omogenea.
2. A parte in una ciotola unire tutte le polveri e poi aggiungere la crema girando bene con un cucchiaio.
3. Una volta amalgamato il tutto, versare in una teglia da 22 cm rivestita con carta forno e disporre in superficie i pezzetti di dattero o prugna secca.
4. Cuocere a 180°C per 45 minuti con forno statico e fare sempre la prova stecchino prima di sfornare.

TORTA DELLA NONNA LEGGERA

Ingredienti per la pasta frolla:

- 150 g albume/2 uova
- 120 g burro di arachidi
- 60 g eritritolo/ 40 g zucchero di canna/cocco
- 20 gocce di dolcificante liquido
- 250 g di farina di riso/avena
- 8 g di lievito per dolci
- Scorza di mezzo limone

Preparazione:

1. Sciogliere il burro di arachidi 15 secondi al microonde o in padellino e poi lasciare intiepidire.
2. Unire tutti gli ingredienti per la pasta frolla in un contenitore.
3. Aggiungere il burro di arachidi sciolto e creare un impasto omogeneo e liscio. Stendere con il mattarello creando una base a seconda della forma che desiderate (almeno 24 cm di stampo).
4. Lasciare in posa l'impasto e intanto passare alla preparazione della crema.

Ingredienti per la crema pasticciera:

- 200 ml latte di mandorla
- 200 ml albume

- 20 g farina di riso
- 30 g miele
- 20 gocce di dolcificante liquido
- Curcuma (pochissima per dare il colore)
- Scorza di limone grattugiata
- Vaniglia o vanillina

Preparazione:

1. Versare tutti gli ingredienti in un pentolino aggiungendo in ultimo la farina poco alla volta e avviare la cottura a fuoco basso.
2. Mescolare in modo continuo per togliere tutti i grumi ottenendo la giusta densità.
3. Versare la crema sulla pasta frolla e cospargere di pinoli.
4. Infornare a 180°C modalità statica per 40 minuti.
5. Conservare per massimo tre giorni in campana di vetro o con pellicola trasparente.

CROSTATINE ENERGETICHE

Ingredienti:

- 100 g farina di riso integrale
- 100 g fiocchi di avena
- 20 g miele
- 80 g polpa di fico
- 50 g burro di arachidi
- Scorza di limone grattugiata
- 4 fichi
- Cannella q.b.

Preparazione:

1. Schiacciare bene la polpa di fico e unire in una ciotola tutti gli ingredienti tranne i fichi interi e la cannella.
2. Amalgamare e creare un impasto omogeneo con l'aiuto di un cucchiaio.
3. Dividere l'impasto in 4 panetti e stenderli su carta dando la forma di un disco abbastanza fino.
4. Lavare i fichi, sbucciarli e dividere in 4 spicchi. Posizionare i fichi sui dischi e spolverare con cannella.
5. Infornare a 180°C modalità statica per 35 minuti fino a che non risultino dorate in superficie.

TORTA ALL'ANANAS

Ingredienti:

- 200 g farina di farro/integrale
- 100 ml albume/1 uovo
- 1 uovo
- 40 g miele
- 20 gocce di dolcificante liquido
- 50 ml olio
- Scorza di limone grattugiata
- 5 fette di ananas
- 1 bustina di lievito per dolci
- 2 cucchiai di latte di avena o riso

Preparazione:

1. Tagliare l'ananas a fette e togliere il gambo interno (n.b. tenetelo da parte perché il gambo d'ananas contiene bromelina e potete usarlo come integratore che aiuta a drenare i liquidi).
2. Tamponare le fette con dello scottex e lasciarle asciugare.
3. In una ciotola montare con le fruste elettriche: le uova, l'albume, il miele, l'olio, il dolcificante liquido e la scorza di limone.
4. Aggiungere la farina e il lievito setacciati e girare bene con un cucchiaio.

5. Ammorbidire l'impasto con due cucchiai di latte e girare aggiungendo anche una fetta di ananas tagliata a pezzetti all'impasto.
6. Foderare la teglia a cerniera da 22 cm con carta forno inumidita e versare l'impasto all'interno.
7. Disporre le 4 fette di ananas intere e usare ciò che rimane a pezzetti per riempire i buchi restanti.
8. Infornare a 180°C modalità statica per 30/35 minuti.
9. Servire con una spolverata di cocco macinato (facoltativo).

TORTA DI FRAGOLE

Ingredienti:

- 250 g farina di farro/integrale
- 200 ml albume
- 100 g ricotta light
- 80 g zucchero di cocco/canna/30 gocce di dolcificante liquido
- 1 bustina lievito per dolci
- 100 ml latte di mandorla
- Scorza di limone grattugiata
- 13 fragole

Preparazione:

1. Montare a neve fitta gli albumi con un pizzico di sale e lo zucchero scelto o il dolcificante.
2. Aggiungere la ricotta, il latte di mandorla e continuare ad amalgamare con le fruste elettriche.
3. Unire la farina, la scorza di limone e il lievito (sciolto in un pochino di latte di mandorla).
4. Girare dal basso verso l'alto con un cucchiaio e creare un impasto omogeneo senza grumi.
5. Versare il tutto in una teglia rivestita con carta forno o di silicone da 24 cm.
6. Ora disporre le fragole, lavate e private del ciuffetto, mettendole a testa in giù con le punte verso l'alto e infornare a 180°C modalità statica per 45 minuti.

PLUMCAKE DUE COLORI

Ingredienti:

- 100 g farina di mandorla
- 100 g farina di avena/riso
- 100 g eritritolo/ 80 g zucchero di cocco/canna
- 1 bustina di vanillina
- 100 ml latte di mandorla/riso
- 100 ml albume o 1 uovo
- 50 g uvetta
- 1 bustina di lievito per dolci
- Scorza di limone grattugiata
- 20 g cacao amaro

Preparazione:

1. Unire tutte le polveri (farine, zucchero, vanillina, lievito) e uniformarle.
2. Aggiungere il latte di mandorla, l'albume, la scorza di limone grattugiata e amalgamare bene con un cucchiaio.
3. Versare metà dell'impasto in uno stampo da plumcake antiaderente (o con carta forno o di silicone) e amalgamare l'impasto restante con il cacao amaro.
4. Versare l'impasto con il cacao nella parte centrale del plumcake e cuocere a 180°C modalità statica per 35 minuti circa.

CROSTATINE CREMA E CIOCCOLATO

Ingredienti per la pasta frolla per 20 crostatine:

- 150 g albume
- 120 g burro di arachidi
- 40 g zucchero di canna/cocco
- 20 gocce di dolcificante liquido
- 250 g farina di riso
- 8 g lievito per dolci
- Scorza di mezzo limone

Preparazione:

1. Sciogliere il burro di arachidi 15 secondi al microonde o in padellino e poi lasciare intiepidire.
2. Unire tutti gli ingredienti per la pasta frolla in un contenitore.
3. Aggiungere il burro di arachidi sciolto e creare un impasto omogeneo e liscio. Stendere con il mattarello e creare dei dischi (io ho utilizzato il bordo di un bicchiere) da inserire all'interno delle formine.
4. Con l'impasto che avanza, andremo poi a creare le strisce. Lasciare in posa il tutto e intanto passare alla preparazione della crema.

Ingredienti per la crema pasticciera:

- 200 ml latte di mandorla
- 200 ml albume

- 20 g farina di riso
- 30 g miele
- 20 gocce di dolcificante liquido
- Curcuma (pochissima per dare il colore)
- Scorza di limone grattugiata
- Vaniglia o vanillina

Preparazione:

1. Versare tutti gli ingredienti in un pentolino aggiungendo in ultimo la farina poco alla volta e avviare la cottura a fuoco basso.
2. Mescolare in modo continuo per togliere tutti i grumi ottenendo la giusta densità.
3. Versare la crema all'interno delle formine. Se volete anche la variante al cioccolato, farcire con crema di nocciole (io ho usato quella senza zucchero).
4. Completare il tutto con le strisce ricavate dall'impasto avanzato e infornare a 180°C per 30 minuti.
5. Conservare per massimo tre giorni in campana di vetro o con pellicola trasparente.

SACHER CAKE BILANCIATA

Ingredienti:

- 100 g farina di riso
- 90 g farina di avena
- 40 g cacao amaro
- 20 g proteine al cioccolato
- 300 ml albume
- 50 ml latte di avena o riso
- 1 bustina lievito per dolci
- 2 cucchiai di liquore secco
- Marmellata di albicocche senza zucchero
- 70 g cioccolato fondente 85%
- 50 ml latte di avena o riso

Preparazione:

1. Unire tutte le polveri assieme e a parte montare appena gli albumi, schiumosi ma non a neve.
2. Unire l'albume alle polveri e poi aggiungere latte e liquore. Amalgamare in modo energico con un cucchiaio.
3. Foderare la teglia a cerniera da 20 cm con carta forno e versarvi l'impasto.
4. Cuocere in forno statico 35/40 minuti a 180°C modalità statica ma fare sempre la prova stecchino prima di sfornare.

5. Intanto a parte preparare la copertura di cioccolato: in un pentolino sciogliere il cioccolato con il latte fino a che il composto non risulti bello cremoso e fermo.
6. Aspettare che la torta si freddi per bene e tagliarla a metà per ottenere i due dischi, poi farcire il disco della base con marmellata di albicocche.
7. Coprire con il disco rimanente e poi ricoprire con la crema di cioccolato la superficie e i lati della torta con l'aiuto di una spatola.
8. Mettere in frigo 2 ore.

PRALINE

Ingredienti per 24 praline:

- 70 g fiocchi di avena
- 70 g farina di riso
- 70 g cocco macinato (no farina)
- 200 g banana matura
- 20 g olio evo
- Cioccolato fondente q.b.

Preparazione:

1. Unire in una ciotola i fiocchi di avena, il cocco macinato e la farina di riso.
2. Aggiungere la banana tagliata a fettine e l'olio.
3. Con le mani umide, amalgamare l'impasto fino a renderlo omogeneo. Creare 24 palline e posizionarle in teglia su carta forno.
4. Cuocere a 180°C per 20/25 minuti e, una volta sfornate, passare 12 praline nel cioccolato fondente sciolto e poi mettere in frigo 30 minuti.

TIRAMISÙ BILANCIAMO

Ingredienti:

- 250 g ricotta light
- 100 ml albume pastorizzato
- 1 yogurt greco alla vaniglia
- 2 cucchiai di caffè
- 10 gocce di dolcificante liquido
- 3 pacchetti di biscotti Pavesini al caffè o cacao
- Cacao amaro q.b.

Preparazione:

1. È importante che gli ingredienti siano ben freddi da frigo.
2. Montare a neve fitta l'albume con un pizzico di sale.
3. A parte, amalgamare la ricotta con lo yogurt greco, il caffè e il dolcificante.
4. Unire la crema all'albume e girare dal basso verso l'alto con un cucchiaio in modo che l'albume non si smonti e la crema risulti bella spumosa.
5. Prendere una teglia e spalmare sul fondo un pochino di crema.
6. Creare 3 strati intervallando i biscotti (senza bagnarli), crema e cacao. Infine, far riposare in frigo per 6 ore prima di servirlo.
7. Ottimo anche al bicchiere.

PANCAKE MIRTILLI E LIMONE

Ingredienti per 8 pancake:

- 200 ml albume
- 40 g farina di farro/integrale
- 40 g farina di avena
- 40 g farina di mandorla/cocco
- 100 g yogurt di soia/greco
- 30 ml latte di mandorla/cocco
- 6 g bicarbonato
- 1 cucchiaio di succo di limone
- 10 g marmellata ai mirtilli senza zucchero
- Scorza di limone grattugiata

Preparazione:

1. Unire tutti gli ingredienti in una ciotola, tenendo da parte la marmellata, e amalgamare bene senza lasciare grumi.
2. Versare metà del composto in una ciotola a parte e nella metà restante unire la marmellata di mirtilli. Amalgamare per bene rendendo la pastella viola.
3. Versare il contenuto delle pastelle in teglia per pancake creandone 4 di colore bianco e 4 di colore viola e infornare a 180°C per 12/15 minuti in forno statico, oppure cuocere uno alla volta in padella antiaderente 3 minuti per lato.
4. Condire con frutti rossi freschi e miele.

PANCAKE PROFUMATI

Ingredienti per 4 pancake:

- 100 ml albume
- 1 uovo
- 100 ml latte di avena
- 100 g farina di avena
- 20 g miele
- 10 gocce di dolcificante liquido
- ½ bustina di lievito per dolci
- Scorza di limone

Preparazione:

1. Unire tutti gli ingredienti liquidi e montare appena con le fruste elettriche o a mano.
2. Aggiungere la farina e il lievito e creare una pastella omogenea.
3. Versare in padella per pancake e cuocere a fuoco medio da entrambi i lati oppure in teglia per pancake in forno a 180°C per 12/15 minuti.

PANCAKE AL BURRO DI ARACHIDI

Ingredienti per 4 pancake:

- 80 g farina di riso
- 30 g eritritolo/zucchero di cocco
- 4 g lievito per dolci
- 1 cucchiaio di burro di arachidi
- 100 ml latte di riso/mandorla

Preparazione:

1. Sciogliere il burro di arachidi al microonde per un minuto o in pentolino.
2. A parte unire in una ciotola tutte le polveri: farina, zucchero e lievito.
3. Mescolare bene e poi aggiungere il latte e il burro di arachidi e con una frusta creare una pastella omogenea.
4. Scaldare e ungere con carta scottex la padella antiaderente.
5. Versare un mestolo alla volta e cuocere i pancake da entrambi i lati a fuoco basso e con coperchio.
6. Farcire a piacere con yogurt greco, frutta fresca, cioccolato o frutta secca.
7. Versione super golosa: con panna spray senza zucchero e fragoline.

CHEESECAKE AI FRUTTI ROSSI SENZA COTTURA

Ingredienti:

- 100 g albicocche disidratate morbide
- 100 g prugne secche denocciolate
- 150 g mandorle pelate
- Scorza di limone grattugiata
- 250 g ricotta light
- 170 g formaggio spalmabile <10% di grassi
- 250 g panna light
- 100 ml albume
- 30 gocce di dolcificante liquido
- 6 fogli colla di pesce
- 20 g marmellata frutti rossi no zucchero

Preparazione:

1. Frullare nel mixer le mandorle in modo grossolano e aggiungere scorza di limone, albicocche e prugne appena spezzettate. Si ottiene un impasto tipo frolla ma più colloso.
2. Versare il composto sulla base di una tortiera a cerniera 22 cm rivestita con carta forno e stendere bene con le mani. Mettere in frigo per 30 minuti.
3. Intanto mettere a sciogliere la colla di pesce in acqua fredda per 10 minuti, scolare, strizzare i fogli e sciogliere in pentolino con un pochino di latte (io ho usato quello di mandorla).

4. Mentre lasciamo freddare per bene la colla di pesce sciolta, in una ciotola a parte montare con le fruste elettriche l'albume a neve con il dolcificante liquido e poi aggiungere la panna, la ricotta e lo spalmabile.
5. Montare bene con le fruste e aggiungere in ultimo la marmellata e la colla di pesce girando con un cucchiaio.
6. Versare la crema sulla base e lasciare in frigo almeno 6 ore.
7. Farcire con marmellata ai frutti di bosco senza zucchero e frutti rossi freschi.

CHEESECAKE COTTA FRAGOLA E CIOCCOLATO

Ingredienti per la base:

- 10 fette biscottate integrali
- 40 g farina di mandorla
- 20 g granella di mandorla
- 40 ml olio evo
- 40 g miele

Per la crema:

- 150 g ricotta light
- 150 g formaggio spalmabile <10% di grassi
- 300 g yogurt greco 0%
- 120 ml albume
- 20 g proteine al cioccolato
- 10 g di miele

Preparazione:

1. Frullare le fette biscottate o schiacciare in un panno da cucina in modo molto fino ma lasciando anche qualche pezzettino intero.
2. Unire la granella di mandorla, l'olio e il miele per creare un impasto molto denso.

3. Foderare la teglia a cerniera da 20 cm con carta forno con le mani bagnate, stendere l'impasto per bene.
4. Infornare a 180°C forno statico per 20 minuti e poi lasciare raffreddare altri 15 minuti.
5. Intanto montare con le fruste elettriche la crema unendo tutti gli ingredienti in una ciotola.
6. Versare la crema sulla base raffreddata e infornare nuovamente a 180°C per 40/45 minuti.
7. Farcire in superficie con una crema spalmabile al cioccolato senza zucchero, oppure cioccolato fondente fuso, e fragole intere.
8. Far riposare in frigo un'oretta e conservarla in frigo per massimo tre giorni.

TORTA CREMOSA PRUGNE E CANNELLA

Ingredienti:

- 200 g farina di farro integrale
- 100 g farina di mandorla
- 200 g acqua frizzante
- 80 g zucchero di cocco/canna
- 1 bustina di lievito per dolci
- Latte di mandorla q.b.
- Scorza di limone grattugiata
- 6 prugne

Preparazione:

1. Unire in una ciotola le due farine con lo zucchero e miscelare con un cucchiaio.
2. Aggiungere l'acqua e il lievito sciolto in due dita di latte di mandorla.
3. Tagliare quattro prugne a fettine e amalgamarle all'impasto, poi aggiungere la scorza di limone grattugiata e la cannella.
4. Versare il tutto in una teglia tonda 20 cm, oliata con scottex e infarinata per evitare che la torta si attacchi.
5. Guarnire con le ultime due prugne tagliate fine e infornare a 180°C forno ventilato per 40 minuti.
6. Lasciare raffreddare a temperatura ambiente e poi tenere in frigo per almeno quattro ore.
7. Per la colazione o spuntino bilanciare con un po' di yogurt greco.

PLUMCAKE COCCO E BANANA

Ingredienti:

- 500 ml albume
- 50 g miele/zucchero di canna
- 100 g cocco macinato/rapè
- 200 g farina integrale/farro integrale
- 100 g farina di lenticchie rosse
- 175 g formaggio spalmabile <10% di grassi
- 1 bustina lievito per dolci
- 1 banana media

Preparazione:

1. Montare a neve gli albumi con un pizzico di sale.
2. Aggiungere il miele e continuare ad amalgamare con le fruste elettriche. Aggiungere ora lo spalmabile e creare una crema omogenea e soffice.
3. In un contenitore a parte, unire il cocco macinato, la farina proteica e la farina di lenticchie.
4. Miscelare per bene con l'aiuto di un cucchiaio e unire alla crema filtrando attraverso un setaccio.
5. Amalgamare il tutto girando con un cucchiaio dall'alto verso il basso per non far smontare la crema.
6. Aggiungere in ultimo il lievito sciolto in un pochino di latte e continuare a girare fino a ottenere un impasto omogeneo.

7. Ungere la teglia con l'aiuto di un foglio di scottex, infarinare per evitare che si attacchi e versare l'impasto.
8. Posizionare in superficie una banana tagliata a metà e infornare a 180°C per 45 minuti in forno statico ben caldo.
9. Fare sempre la prova dello stuzzicadenti per verificare la cottura.

BISCOTTO RIPIENO AL CIOCCOLATO

Ingredienti:

- 50 g farina di ceci
- 50 g farina di riso
- 40 g farina di cocco
- 20 ml olio evo
- 20 g miele
- 50 g banana schiacciata
- Scorza di limone grattugiata
- Cioccolato fondente q.b.

Preparazione:

1. Tostare la farina di ceci fino a che non diventa dorata e lasciare intiepidire.
2. Intanto schiacciare la banana e tenerla da parte.
3. Mettere in una ciotola ampia tutte le farine e mescolare bene. Aggiungere la banana schiacciata, il miele, l'olio e amalgamare bene schiacciando e girando.
4. Impastare ora con le mani e creare 12 palline da posizionare su carta forno.
5. Schiacciare le palline di impasto per creare dei dischi larghi ma non troppo fini.
6. Posizionare al centro di metà dei dischi realizzati un cubetto di cioccolato fondente e coprire con i dischi rimanenti sigillando bene i bordi.

7. Infornare a 180°C in forno ben caldo per 30 minuti a forno statico, fino a che non diventano dorati.
8. Tirare fuori e lasciare raffreddare per bene per farli indurire.

CROSTATA DI RICOTTA

Ingredienti per la frolla:

- 100 g farina di riso
- 100 g farina di avena
- 40 g farina di mandorla/cocco
- 30 ml olio evo
- 40 ml latte di mandorla/acqua
- 60 g miele
- ½ bustina di lievito per dolci
- Cannella abbondante

Ingredienti per la crema:

- 400 g ricotta light
- 50 ml albume
- 25 g proteine alla vaniglia/cioccolato
- 50 g cioccolato fondente
- 2 cucchiai di miele

Preparazione:

1. Mettere in una ciotola ampia le farine con il lievito e mescolare bene. Aggiungere la cannella, il miele e amalgamare bene con un cucchiaio schiacciando e girando.
2. Aggiungere in ultimo l'olio e il latte di mandorla o acqua e girare sempre con il cucchiaio.

3. Impastare ora con le mani e creare un panetto che avvolgeremo in pellicola trasparente per lasciarlo riposare non in frigo.
4. Intanto unire tutti gli ingredienti per creare la crema in una ciotola e girare bene con un cucchiaio senza usare le fruste elettriche.
5. Prendere l'impasto e stendere in teglia da 22 cm creando la base con il bordo e lasciandone da parte un po' per le strisce.
6. Versare la crema e ultimare con le striscioline di impasto.
7. Infornare a 180°C in forno ben caldo per 20 minuti modalità statica e 20 minuti in modalità ventilato.
8. Tirare fuori e lasciare raffreddare per bene prima di servire. Conservare in frigo per massimo tre/quattro giorni.

BISCOTTI DI BANANA

Ingredienti per 8 biscotti:

- 1 banana matura da 200 g circa
- 3 cucchiai di farina mandorla/cocco
- 3 cucchiai di fiocchi d'avena
- 30 g cioccolato fondente/uvetta

Preparazione:

1. Schiacciare bene la banana con una forchetta. Unire la farina di mandorla e i fiocchi di avena.
2. Amalgamare bene e aggiungere il cioccolato a pezzetti.
3. Con l'aiuto di un cucchiaio mettere su carta forno un pochino di impasto alla volta e creare i biscotti.
4. Infornare a 180°C modalità ventilata per 30 minuti.
5. Lasciare raffreddare bene i biscotti prima di staccarli dalla carta forno.

SOFFICINI CACHI E CIOCCOLATO

Ingredienti per 3 sofficini:

- 1 foglio di pasta fillo
- 150 g polpa di cachi
- 10 g cioccolato fondente

Preparazione:

1. Spennellare il foglio di carta fillo con un pochino di acqua o latte e tagliare verticalmente in tre strisce.
2. Creare un impasto con la polpa di cachi maturo e cioccolato a pezzetti e distribuire sull'angolo della base di ogni striscia del foglio di pasta fillo.
3. Girare il foglio, creando un triangolino avvolgendo il ripieno e iniziare a ripiegare la pasta su se stessa, ottenendo un triangolo a ogni piega.
4. Spennellare la superficie con un altro pochino di acqua o latte. Mettere i sofficini su carta forno e poi adagiare la carta forno direttamente sulla griglia.
5. Infornare a 180°C modalità statica per 20/25 minuti e poi lasciare intiepidire.

SOFFICINI FRAGOLA&MANDORLA

Ingredienti per 3 sofficini:

- 1 foglio di pasta fillo
- Fragole q.b.
- 100 g yogurt greco
- 20 g miele
- 1 cucchiaio di farina di mandorla
- 1 cucchiaio di mandorle a scaglie
- Scorza di limone q.b.

Preparazione:

1. Spennellare il foglio di carta fillo con un pochino di acqua o latte e tagliare verticalmente in tre strisce.
2. Creare un impasto con yogurt, miele, mandorla e scorza di limone.
3. Distribuire un pochino di fragole e di impasto sull'angolo della base di ogni striscia del foglio di pasta fillo.
4. Girare il foglio, creando un triangolino avvolgendo il ripieno e iniziare a ripiegare la pasta su se stessa, ottenendo un triangolo a ogni piega.
5. Spennellare la superficie con un altro pochino di acqua o latte. Mettere i sofficini su carta forno e poi direttamente sulla griglia del forno.
6. Infornare a 180°C modalità statica per 20/25 minuti e poi lasciare intiepidire.

DORAYAKI SENZA GLUTINE

Ingredienti per 6 dorayaki:

- 150 g farina di riso
- 30 g zucchero di cocco/canna
- 8 g lievito per dolci
- 30 ml olio
- 200 ml latte di riso

Preparazione:

1. Unire in una ciotola tutte le polveri: farina, zucchero e lievito.
2. Mescolare bene e poi aggiungere il latte, l'olio e con una frusta creare una pastella omogenea.
3. Scaldare e ungere con carta scottex la padella antiaderente.
4. Versare un mestolo alla volta e cuocere i dorayaki da entrambi i lati a fuoco basso e con coperchio.
5. Sciogliere 30 g di cioccolato fondente con un cucchiaio di latte di riso e creare una spalmabile cremosa.
6. Una volta pronti i 12 dischi, accoppiarne due alla volta mettendo in mezzo un cucchiaino di crema di cioccolato fondente e sigillando i bordi con le dita.
7. Conservare in frigo per massimo due giorni.

TORTA AI FRUTTI ROSSI

Ingredienti:

- 150 g farina di riso
- 100 g avena
- 250 ml albume
- 170 g yogurt di soia
- 80 g eritritolo/zucchero di cocco/canna/30 gocce di dolcificante liquido
- 1 bustina di lievito per dolci
- Latte di riso/mandorla q.b.
- 10 g marmellata ai frutti rossi senza zucchero
- Frutti rossi freschi

Preparazione:

1. Montare a neve fitta gli albumi con un pizzico di sale e lo zucchero scelto o il dolcificante.
2. Aggiungere lo yogurt di soia e continuare ad amalgamare con le fruste elettriche.
3. Unire le farine e il lievito (sciolto in un pochino di latte di riso). Girare dal basso verso l'alto con un cucchiaio, aggiungere un cucchiaio di marmellata ai frutti di bosco senza zucchero e creare un impasto omogeneo senza grumi.
4. Versare il tutto in una teglia rivestita con carta forno o di silicone da 24 cm.

5. Ora disporre a piacere i frutti rossi sulla superficie e infornare a 180°C forno statico per 35/40 minuti.
6. Fare la prova dello stecchino e poi lasciare raffreddare per bene.
7. Ottima anche farcita con panna montata alla soia o panna spray senza zucchero.

FORESTA NERA LEGGERA

Ingredienti:

- 250 g farina di riso integrale
- 400 g albume pastorizzato
- 100 g yogurt di soia
- 25 g proteine al cioccolato
- 40 g miele
- 1 bustina di lievito per dolci
- 20 ciliegie o amarene
- 30 g cacao amaro

Ingredienti per la panna:

- 100 g ricotta light
- 100 ml albume
- 150 ml panna da montare
- Vanillina

Preparazione:

1. Prendere gli albumi freddi di frigo e montarli a neve con un pizzico di sale.
2. Aggiungere pian piano lo yogurt e il miele. Mescolare bene dal basso verso l'alto.
3. A parte unire e uniformare in una ciotola la farina, il cacao, le proteine e il lievito.

4. Unire le polveri con la crema di albume, ricotta e miele e creare un impasto liscio e omogeneo. Aggiungere le ciliegie denocciolate e tagliate.
5. Versare in teglia da 20 cm e infornare a 180°C per 35 minuti in modalità statica.
6. Fare sempre la prova dello stecchino prima di sfornare definitivamente.
7. Lasciare raffreddare in luogo asciutto e intanto realizzare la panna montando con le fruste prima gli albumi a neve, poi unire la panna, la ricotta e la vaniglia.
8. Lasciare in frigo 1 ora mentre si fredda la torta.
9. Tagliare a metà con un coltello in senso orizzontale la torta e farcire con la panna sia internamente che sulla superficie esterna aiutandovi con una spatolina. Finire l'opera con qualche scaglia di cioccolato fondente per decorare.

BANANA CAKE

Ingredienti:

- 150 g farina di farro/integrale
- 60 g yogurt greco
- 70 ml albume
- 2 banane mature
- 50 g miele
- 8 g lievito per dolci
- 10 g cacao amaro

Preparazione:

1. Tagliare le banane a rotelle e poi creare una cremina usando il minipimer. Aggiungere lo yogurt, l'albume e il miele e continuare ad amalgamare con il minipimer.
2. A parte, in una ciotola capiente, unire la farina con il lievito, il cacao e mescolare con un cucchiaio.
3. Unire i due composti e creare un impasto omogeneo con l'aiuto di un cucchiaio di legno.
4. Versare in una teglia 22 cm appena oleata con carta scottex e aggiungere qualche fettina di banana in superficie. Infornare a forno ben caldo 180°C, statico, per 30/35 minuti.

STRUDEL DI ALBICOCCHE

Ingredienti:

- 4 fogli di pasta fillo
- 9 albicocche mature
- 40 g uvetta o mirtilli essiccati
- Scorza di limone grattugiata q.b.
- 20 g scaglie di mandorla
- 1 cucchiaio di miele/zucchero di cocco/canna

Preparazione:

1. Lavare e tagliare a pezzetti le albicocche e metterle a macerare con uvetta, scorza di limone, scaglie di mandorla e cucchiaio di miele o zucchero.
2. Spennellare, uno a uno, i fogli di carta fillo con un po' d'acqua e sovrapporli per creare un unico strato.
3. Disporre nella parte centrale le albicocche macerate e poi avvolgere e chiudere i lembi della pasta fillo, creando una specie di rettangolo ripieno.
4. Spennellare le parti terminali per farle ben aderire l'una sull'altra e infornare su carta forno posizionandola direttamente sulla griglia e non in teglia.
5. Cuocere a 180°C in modalità statica per 45 minuti.
6. Servire sempre tiepido e spolverare con zucchero di canna a velo.

STRUDEL DI MELE

Ingredienti:

- 3 fogli di pasta fillo
- 2 mele Fuji
- Succo di mezzo limone
- Scorza di mezzo limone grattugiata
- 20 g uvetta
- 10 g pinoli
- 20 g scaglie di mandorla
- 2 cucchiai di miele o agave
- Cannella q.b.

Preparazione:

1. Tagliare le mele a cubetti e mettere a macerare con tutti gli ingredienti del ripieno in una ciotola.
2. Intanto bagnare uno alla volta i fogli di carta fillo con un pochino di acqua e sovrapporli uno sull'altro.
3. Distribuire il ripieno al centro dei fogli posizionandolo in senso verticale, richiudere i lembi della pasta fillo e poi bagnare la superficie ancora con un po' di acqua.
4. Infornare a 180°C in forno statico per 40 minuti. Aspettare che diventi tiepido prima di servire a tavola.

MUFFIN PROTEICI

Ingredienti per 12 muffin:

- 250 g farina di farro/integrale
- 20 g proteine alla vaniglia
- 40 g miele o agave
- 200 g ricotta light/yogurt greco
- 2 uova
- 1 bustina di lievito
- 150 ml latte (scremato/avena/riso/soia)
- 60 g cioccolato fondente

Preparazione:

1. In una ciotola unire le uova, la ricotta, il miele e il latte per creare una crema uniforme con l'aiuto delle fruste.
2. A parte, mescolare la farina con le proteine e il lievito.
3. Unire le polveri con la crema, amalgamare bene con un cucchiaio di legno per creare un impasto omogeneo.
4. Se occorre potete aggiungere un pochino di latte: il risultato non deve essere liquido ma piuttosto cremoso.
5. Aggiungere alla fine il cioccolato tagliato a pezzetti e girare.
6. Versare l'impasto nei pirottini e infornare per 20/25 minuti in forno a 180°C statico.

CIOCORÌ DI QUINOA

Ingredienti per 20 pezzi:

- 80 g quinoa soffiata
- 150 g cioccolato fondente

Preparazione:

1. Sciogliere il cioccolato al microonde per 2 minuti al massimo della temperatura.
2. In una ciotola versare la quinoa e poi aggiungere il cioccolato sciolto.
3. Amalgamare bene in modo che tutti i cereali siano ben cosparsi di cioccolato.
4. Versare il tutto in una teglia su carta forno e dare la forma desiderata compattando bene con le mani umide, creando uno spessore di almeno 2 cm.
5. Mettere la teglia in frigo per almeno 5/6 ore e tagliare a pezzi di varia forma.
6. Conservare in frigo in sacchetto per alimenti fino a una settimana.

GIRELLE PERA E CANNELLA

Ingredienti per 8 girelle:

- 180 g farina di farro
- 1 uovo
- 70 g formaggio spalmabile <10% di grassi
- 20 g zucchero di canna/cocco/miele
- 20 gocce di dolcificante liquido
- ½ bustina di lievito per dolci
- 1 pera matura/mela Fuji
- Cannella q.b.
- Mirtilli essiccati/uvetta q.b.
- Marmellata a scelta q.b.
- Scorza di limone grattugiata q.b.

Preparazione:

1. Tagliare a fettine una pera sbucciata e dentro un piatto cospargere con la cannella e cuocere al microonde 8 minuti o in padella.
2. Creare l'impasto unendo in una ciotola farina, uovo, spalmabile, zucchero, dolcificante, scorza grattugiata di limone e lievito.
3. Impastare bene e creare 8 panetti e stenderli creando delle strisce lunghe un palmo di mano (se serve un pochino di farina utilizzatela).

4. Condire ciascuna striscia con: un velo di marmellata, fettine di pera cotta e mirtilli. Avvolgere ogni striscia partendo da una estremità e creare delle girelle da posizionare in verticale in teglia su carta forno.
5. Spennellare con albume e spolverare con un pochino di zucchero di cocco/canna.
6. Cuocere a 180°C in forno statico per 20 minuti, poi lasciare raffreddare.

GRANOLA DI POPCORN

Ingredienti:

- 50 g popcorn (preparati in casa)
- 150 g miele o agave
- 50 g cocco rapè/macinato
- 15 g granella di pistacchi
- 1 cucchiaio olio evo

Preparazione:

1. Sciogliere il miele in un pentolino o al microonde e poi portarlo a temperatura mite.
2. In una ciotola unire i popcorn (cotti precedente in padella antiaderente senza sale), i pistacchi, l'olio, il miele e amalgamare con un cucchiaio. Successivamente unire il cocco e impastare con le mani strizzando bene i popcorn.
3. Stendere l'impasto su carta forno e mettere in teglia. Cuocere a 150°C ventilato per 20 minuti.
4. Lasciare raffreddare per almeno 2 ore prima di sgretolare con le mani.
5. Ottima da sgranocchiare da sola oppure bilanciata a colazione o spuntino con yogurt greco e frutta fresca.

SIMIL VIENNETTA AL CIOCCOLATO

Ingredienti:

- 100 ml albume
- 350 g banana matura sbucciata
- 25 g proteine al cioccolato (facoltative)
- 200 g cioccolato fondente 80%
- Latte di mandorla q.b.
- 2 fogli di colla di pesce

Preparazione:

1. Mettere a bagno la colla di pesce per 10 minuti e poi sciogliere in un pochino di latte di mandorla.
2. Aggiungere il cioccolato fondente e sciogliere a fuoco basso fino a renderlo bello cremoso (non liquido).
3. Mentre si fredda per bene, in un mixer unire tutti gli altri ingredienti e frullare al massimo per non lasciare più pezzetti di banana.
4. Unire i due composti e amalgamare con un cucchiaio per rendere il composto uniforme.
5. Versare in uno stampo da plumcake rivestito da carta forno o di silicone.
6. Mettere in congelatore per 12 ore.
7. Tirare fuori almeno 15 minuti prima di servire a tavola e appena si stacca dai bordi, girare e mettere in un piatto da portata. Guarnire con scaglie di cioccolato fondente e mandorla.

TORTA CAPRESE LEGGERA

Ingredienti:

- 100 g farina di mandorla
- 30 g granella di mandorla
- 150 g farina di riso
- 25 g proteine al cioccolato
- 25 g cacao amaro
- 1 bustina di lievito
- 300 ml latte di mandorla
- 30 ml olio evo
- Scorza di arancia grattugiata
- 1 cucchiaino di rum

Preparazione:

1. Unire in una ciotola tutte le polveri: farina, lievito, proteine, granella di mandorla, cacao, e girare bene per rendere tutto omogeneo.
2. Aggiungere l'olio evo, la scorza grattugiata di arancia, il rum e il latte di mandorla.
3. Amalgamare bene con l'aiuto di un cucchiaio di legno.
4. Rivestire una teglia da 20 cm con carta forno e infornare a 180°C statico per 35 minuti circa.
5. Fare sempre la prova dello stecchino.

RICETTE SALATE

TAGLIATELLE MARE E MONTI

Ingredienti:

- 70 g tagliatelle secche all'uovo
- 100 g formaggio spalmabile <10% di grassi
- 50 g pesce spada affumicato
- 100 g funghi
- 1 bustina di zafferano

Preparazione:

1. Sciogliere in una pentola lo spalmabile con un pochino di acqua e zafferano.
2. Cuocere i funghi a parte, in padella antiaderente con un po' di acqua o al microonde (devono rimanere morbidi). Tagliare il pesce spada a striscioline.
3. Mentre cuoce la pasta, unire tutti gli ingredienti nella pentola della crema di spalmabile e aggiungere un pochino di acqua di cottura. Terminare la cottura della pasta amalgamandola con il sugo.

PACCHERI GAMBERI E ZUCCHINE

Ingredienti:

- 70 g paccheri
- 100 g gamberi freschi sgusciati
- 150 g zucchine
- 1 cucchiaio di olio
- 1 cucchiaio di semi misti

Preparazione:

1. Preparare il sughetto in una padella mettendo insieme i gamberi, le zucchine tagliate fine, vino bianco e acqua.
2. Lasciare evaporare e asciugare senza coperchio a fuoco medio.
3. Cuocere la pasta e scolarla al dente. Saltare in padella per un minuto aggiungendo il cucchiaio di semi e servire a tavola.

GNOCCHI ALLO ZAFFERANO

Ingredienti gnocchi:

- 250 g ricotta
- 100 ml albume
- 200 g farina di farro
- 50 g farina di ceci
- Zafferano

Preparazione:

1. Schiacciare la ricotta in un tegame e aggiungere lo zafferano e l'albume.
2. Girare con un cucchiaio fino a ottenere una crema omogenea.
3. A parte, unire 100 g di farina di farro con 50 g di farina di ceci, girare bene e poi amalgamarle alla crema.
4. Aggiungere 100 g di farina di farro tenuta da parte e impastare con le mani per ottenere un impasto perfetto.
5. Ricavare dall'impasto 16 filoncini (4 per porzione) e con un coltello tagliare a forma di gnocchetti.
6. Cuocere 6 minuti in acqua bollente salata q.b., per una cottura al dente.

Esempio di condimento:

- 400 g macinato di pollo
- 200 g carciofi o zucchine o melanzane
- 2 cucchiai di olio
- 1 cucchiaio di semi di zucca

PANCAKE AGLI SPINACI

Ingredienti per 10 pancake:

- 150 g spinaci cotti
- 100 ml albume
- 50 g farina di ceci
- 3 cucchiai di Parmigiano

Preparazione:

1. Asciugare bene gli spinaci.
2. Unire tutti gli ingredienti in una ciotola e amalgamare prima con un cucchiaio, poi frullare e creare un impasto omogeneo.
3. Ungere la padella con lo scottex e cucinare a fuoco medio su entrambi i lati rendendo il pancake dorato e non bruciato.

CARBONARA DI MARE

Ingredienti:

- 80 g spaghetti
- 1 uovo
- 50 g salmone fresco
- 10 g parmigiano
- Sale e pepe q.b.

Preparazione:

1. Tagliare il salmone a cubetti e scottarlo in padella con un pizzico di sale fino a che non diventa chiaro.
2. Sbattere l'uovo con parmigiano, sale e pepe in una ciotola.
3. Portare l'acqua a ebollizione, salarla e cuocere la pasta al dente.
4. Scolare la pasta e unirla nella ciotola con l'uovo sbattuto, amalgamare e poi saltare nella padella con il salmone per ottenere la cremina.

GNOCCHI DI RICOTTA E SPINACI

Ingredienti:

- 200 g ricotta light
- 200 g spinaci surgelati/freschi
- 30 g farina di riso
- 1 cucchiaino di olio evo

Preparazione:

1. Unire in una ciotola la ricotta con gli spinaci scongelati o cotti (ben asciutti dall'acqua) e amalgamare bene con un cucchiaio.
2. Prendere un pochino di impasto alla volta e cercare di ricavare degli gnocchi per poi panarli nella farina di riso.
3. Distribuire in teglia su carta forno e condire con un pochino di olio. Infornare gli gnocchi a 180°C per 45 minuti e girarli a metà cottura.
4. Gli gnocchi si possono condire semplicemente con olio, salvia e parmigiano o con un sughetto al pomodoro semplice per una versione ancor più mediterranea.

POLPETTE COLORATE

Ingredienti per 30 polpette:

- 500 g macinato di petto di tacchino/pollo
- 100 g ricotta light
- 50 ml albume
- 3 cucchiai di parmigiano
- 450 g verdure cotte al vapore
- Semi misti

Preparazione:

1. Cuocere le verdure al vapore (io ho usato quelle che avevo in casa: 1 cipolla, 1 peperone giallo, 1 peperone rosso, 1 carota e 100 g di fagiolini) tagliarle a pezzetti e lasciare raffreddare.
2. A parte unire il macinato con la ricotta, albume, parmigiano e un pizzico di sale.
3. Unire le verdure e rendere l'impasto ben omogeneo e amalgamato. Creare le palline e passarle nella panatura con il mix di semi (papavero, sesamo, lino).
4. Disporre in teglia rivestita da carta forno e infornare a 200°C in modalità ventilata per 20/25 minuti.
5. Ottime servite anche temperatura ambiente abbinate a salsa di soia per un aperitivo.

CLUB SANDWICH

Ingredienti:

- 2 fette pane in cassetta integrale
- 200 ml albume
- 1 pomodoro
- Insalata q.b.
- 30 g gran fesa di tacchino

Preparazione:

1. Oliare appena la padella e tostare il pane.
2. Montare appena gli albumi con un pochino di sale e versare sopra le fette di pane.
3. Aggiungere un pomodoro tagliato a fettine, insalata quanto basta e la fesa di tacchino.
4. Ultimare la cottura e chiudere a forma di piada. Tagliare a metà e servire caldo.

FRESELLE ALLA PARMIGIANA

Ingredienti:

- 60 g fresella integrale
- Acqua q.b.
- 200 g melanzane
- 125 g mozzarella
- 1 cucchiaio di pesto
- Pomodori q.b.
- Basilico

Preparazione:

1. Bagnare la fresella con un po' di acqua e condirla con sale q.b.
2. Cuocere la melanzana tagliata a cubetti in un pentolino capiente e unire pomodoro, basilico, sale e pesto. Aggiungere 1 bicchiere d'acqua e lasciare cuocere con coperchio a fuoco medio.
3. Disporre sopra la fresella le melanzane e poi la mozzarella tagliata e striscioline.
4. Aggiungere qualche pomodorino e ultimare con il basilico fresco.

FIORI DI ZUCCA RIPIENI

Ingredienti:

- 12 fiori di zucca freschi
- 125 g mozzarella
- 100 g salmone affumicato
- 24 pistacchi sgusciati
- 2 cucchiaini parmigiano

Preparazione:

1. Tagliare la mozzarella in 12 pezzi e il salmone in 12 striscioline. Su di una teglia con carta forno adagiare i fiori e farcirli all'interno con un pezzettino di mozzarella light, un pezzetto di salmone e 2 pistacchi.
2. Distribuire il parmigiano in superficie e infornare a 160°C in forno ventilato per 10 minuti.

RAVIOLI AI FUNGHI E TARTUFO

Ingredienti:

- 150 g ravioli ai porcini
- 1 cucchiaino di olio evo
- 50 g macinato di vitella magro
- Scaglie di tartufo
- Pepe q.b.

Preparazione:

1. Cuocere appena il macinato con un cucchiaio di olio al tartufo dentro una padella.
2. Cuocere i ravioli 1 minuto in acqua bollente salata e poi 1 minuto saltarli con un mestolo di acqua di cottura insieme al macinato.
3. Condire con olio pepe e tartufo fresco a scaglie.
4. Mettere in un piatto piano e servire a tavola.

MELANZANA IN CARROZZA

Ingredienti:

- 1 melanzana tonda
- 125 g mozzarella light
- 200 ml passata di pomodoro
- Basilico fresco
- 1 cucchiaino di olio
- Sale q.b.

Preparazione:

1. Cuocere la melanzana intera per 7 minuti al microonde (o 15 minuti in forno a 200°C). Lasciarla raffreddare e poi tagliare il "cappellino" e tenerlo da parte.
2. Svuotare l'interno della melanzana lasciando uno spessore di circa ½ cm dalla buccia.
3. In un pentolino capiente unire pomodoro, basilico, sale e l'interno della melanzana tagliata a pezzetti per creare un ragù di melanzana.
4. Quando è pronto, inserire al centro della melanzana il bocconcino di mozzarella e ricoprire di ragù.
5. Coprire con il "cappellino" della melanzana tenuto da parte.
6. Servire a tavola dopo averla infornata per altri 5 minuti, altrimenti la mozzarella non diventa filante.
7. Potete anche preparare tutto molto prima e poi infornare 10 minuti a 150°C al momento di portare a tavola.
8. Bilanciamo il pasto con dei carboidrati a parte.

ZUCCHINE RIPIENE

Ingredienti per 8 zucchine ripiene:

- 4 zucchine
- 80 g riso basmati integrale
- 200 ml passata di pomodoro
- 100 ml albume
- 100 g gamberetti
- 40 g parmigiano 36 mesi
- 6 olive nere
- Basilico e origano
- 1 cucchiaio di mix di semi

Preparazione:

1. Lavare e tagliare le zucchine eliminando in primis le estremità e poi tagliarle in senso verticale, dividerle in due parti e privarle dell'anima centrale con l'aiuto di un cucchiaino.
2. Cuocere il riso in acqua bollente salata, scolarlo per bene e lasciare intiepidire.
3. Condire il riso con la passata di pomodoro, l'albume, il parmigiano, i gamberetti tritati, le olive tagliate a pezzetti e le spezie.
4. Riempire ciascuna barchetta di zucchine con questo ripieno e posizionare su carta forno direttamente sulla griglia.
5. Ultimare con una spolverata di mix di semi sulla superficie e infornare a 220°C per circa 30 minuti fino a che non si crea la crosticina in superficie.

PIZZA CON IMPASTO RICCO DI PROTEINE

Ingredienti:

- 300 g farina di farro (Senza glutine: 200 g farina di riso e100 g maizena)
- 120 ml albume
- 80 g yogurt greco
- 1 cucchiaio di olio evo
- 1 cucchiaino di miele
- 5 g lievito di birra fresco
- Sale q.b.

Preparazione:

1. Sciogliere il lievito in un pochino di latte non freddo con il miele.
2. In una ciotola unire la farina, l'olio, l'albume, lo yogurt, il sale e il lievito sciolto.
3. Impastare per bene e creare una bella palla di impasto che lasciamo crescere 8 ore in forno spento con pellicola trasparente per sigillare la ciotola.
4. Dividere in due panetti e stendere su carta forno creando uno strato abbastanza fino.
5. Condire ciascuna pizza con: passata di pomodoro, melanzana a fette, ½ mozzarella light, pomodorini tagliati a metà, basilico q.b. e un filo di olio evo.
6. Infornare a 250°C non ventilato, fino a che non risulta dorata in superficie (io ho cotto 10/12 minuti).

PIZZA INTEGRALE LEGGERA

Ingredienti per 6 pizze:

- 600 g farina integrale
- 420 ml acqua
- 1 cucchiaio di olio evo
- 1 cucchiaino di miele
- 3 g lievito di birra fresco
- Sale q.b.

Preparazione:

1. Sciogliere in una ciotola ampia il lievito sbriciolato in acqua tiepida con il miele e girare bene.
2. Unire a poco a poco la farina, l'olio e il sale.
3. Impastare per bene e creare una bella palla di impasto che lasciamo crescere 8 ore in forno spento con pellicola trasparente per sigillare la ciotola.
4. Dividere in 3 panetti e stendere su carta forno creando uno strato abbastanza fino.
5. Condire ciascuna pizza a piacere, io consiglio la classica margherita.
6. Infornare mettendo la carta forno direttamente sulla griglia, non in teglia, a 250°C non ventilato, fino a che non risulta dorata in superficie (io ho cotto 10 minuti).
7. Aggiungere in ultimo la ½ mozzarella fresca tagliata a pezzi grandi e rinfornare per altri 2 minuti.

FINTA PIZZA DI CAVIOLFIORE

Ingredienti:

- 300 g cavolfiore cotto
- 90 g parmigiano 36 mesi
- 200 g ricotta light
- Sale q.b.

Condimento

- 1 mozzarella light
- Passata di pomodoro q.b.
- Origano e basilico
- 1 filo di olio evo

Preparazione:

1. Frullare il cavolfiore e unirlo al resto degli ingredienti amalgamando bene con le mani.
2. Stendere l'impasto su carta forno cercando di ottenere uno strato abbastanza sottile.
3. Infornare a 250°C direttamente sulla griglia e quando si sta dorando farcire con mozzarella, pomodoro, aromi e un filo di olio.
4. Ultimate la cottura con forno ventilato.

FOCACCIA ALLE OLIVE CON IMPASTO RICCO DI PROTEINE

Ingredienti:

- 300 g farina farro/integrale
- 100 ml albume
- 100 g yogurt greco
- 1 cucchiaio di olio evo
- 1 cucchiaino di zucchero di canna
- 5 g lievito di birra fresco
- Sale q.b.

Preparazione:

1. Sciogliere il lievito in un pochino di latte non freddo con lo zucchero.
2. In una ciotola unire farina, olio, albume, yogurt, sale e lievito.
3. Impastare per bene e creare una bella palla di impasto da lasciar crescere 4 ore in forno spento con luce accesa e con pellicola trasparente per sigillare la ciotola (deve raddoppiare la sua dimensione).
4. Stendere, non troppo fina, su carta forno e condire con olio evo, olive nere, origano e basilico.
5. Infornare a 200°C fino a che non risulta dorata in superficie.

PASTA FREDDA BILANCIATA

Ingredienti:

- 100 g pasta di legumi
- 1 cucchiaino di pesto
- 2 pomodori secchi
- 1 cucchiaio di pinoli

Preparazione:

1. Cuocere la pasta in acqua salata anche un minuto in meno rispetto al tempo indicato in confezione.
2. Tagliare a listarelle i pomodori e unirli ai pinoli.
3. Scolare la pasta e condire subito con il pesto.
4. Lasciare freddare e unire il resto degli ingredienti.

NUGGETS DI POLLO LEGGERI

Ingredienti per 20 pezzi:

- 500 g petto di pollo macinato bio
- 3 cucchiai di fiocchi di avena
- 2 cucchiai di farina di avena
- 2 cucchiai di semi misti
- Curry q.b.
- Albume q.b.
- Olio evo q.b.

Preparazione:

1. Con le mani creare dei triangoli con il pollo macinato e immergerli nell'albume.
2. Versare in un piatto fondo: fiocchi di avena, farina, semi, curry e un pizzico di sale.
3. Panare i triangoli di pollo e cuocere in padella antiaderente da entrambi i lati, a fuoco medio fino a renderli croccanti.

FRESELLE & SALMONE

Ingredienti:

- 4 freselle integrali da 15/20 g l'una
- Acqua q.b.
- Insalata a scelta q.b.
- 70 g salmone
- 1 cucchiaino di pesto
- Semi misti q.b.

Preparazione:

1. Bagnare le freselline con un po' di acqua e condirle con uno spruzzo di olio e sale q.b.
2. Disporre l'insalata, ben lavata, sopra le freselle e poi il salmone tagliato e striscioline.
3. Condire con un cucchiaino di pesto distribuito a goccioline e ultimare con una spolverata di semi misti.

PEPERONI RIPIENI

Ingredienti:

- 1 peperone rosso
- 80 g riso basmati
- 50 g prosciutto cotto magro
- 2 cucchiai di pecorino
- 2 albumi
- Fantasia di pepi q.b.
- 1 cucchiaino di semi misti

Preparazione:

1. Pulire il peperone tagliandolo a metà e togliere bene i semini.
2. Mettere le due metà del peperone in un piatto e cuocere al microonde per 15 minuti (o in forno a 200°C per 30 minuti).
3. Intanto cuocere il riso a parte e una volta scolato amalgamare con cotto tagliato a pezzetti, pecorino, albume e pepe.
4. Riempire i peperoni e mettere in ultimo i semi prima di infornare 5 minuti al microonde (o 10 minuti in forno a 200°C).
5. Lasciarli freddare prima di servire a tavola.

SCHISCETTA CAPRICCIOSA

Ingredienti:

- 60 g grano saraceno
- 100 g lenticchie cotte
- 1 uovo sodo
- 100 g funghi champignon
- 4 pomodori datterini
- 1 cucchiaio di olio
- Prezzemolo

Preparazione:

1. Lavare il grano saraceno sotto acqua corrente e cuocere 16/17 minuti in acqua bollente salata.
2. Scolare e lasciare raffreddare.
3. Cuocere a parte le verdure con un cucchiaio di olio, 3 cucchiai di acqua di cottura, sale q.b. e basilico.
4. Aspettare che diventino cremose tenendo il fuoco a intensità media, con il coperchio, e se occorre aggiungere un pochino di acqua.
5. Una volta che si è freddato tutto, unire grano saraceno, lenticchie cotte e verdure con l'uovo sodo in un'unica ciotola.
6. Girare e amalgamare bene e impiattare a piacere o versare in un contenitore da portare dove vuoi.

COUS COUS ZUCCA E FAGIOLI

Ingredienti:

- 80 g cous cous
- 200 g fagioli cotti
- 100 ml brodo
- 200 g zucca

Preparazione:

1. Unire in una ciotola il brodo caldo con il cous cous e lasciare da parte per 30 minuti coperto bene con pellicola trasparente.
2. Cuocere a parte la zucca tagliata a cubetti con un pochino di brodo, sale e odori a piacere. Aggiungere i fagioli cotti e aspettare che si asciughi bene il tutto in modo che non resti acquoso prima di unirlo al cous cous.
3. Girare, amalgamare bene e impiattare aggiungendo un filo di olio al peperoncino.

PIADINA DI CECI

Ingredienti:

- 50 g farina di ceci/lenticchie
- 20 g farina di riso integrale
- 120 ml acqua
- Sale q.b.
- Spezie a piacere

Preparazione:

1. Unire in una ciotola le farine con l'acqua, sale e spezie.
2. Realizzare una pastella omogenea e non troppo liquida.
3. Scaldare la padella antiaderente ungendo appena con lo scottex e un po' di olio di cocco/evo.
4. Versare l'impasto quando la padella è molto calda e stendere bene con il mestolo. Cuocere da entrambi i lati e girare quando si vedono le bollicine in superficie.
5. Condire a piacere.

CROCCOLE DI ARISTA E MIGLIO SOFFIATO

Ingredienti:

- 250 g arista di maiale tagliata fina
- 4 cucchiai di fiocchi di avena
- 3 cucchiai di miglio o quinoa soffiata
- 2 cucchiai di semi di lino
- Prezzemolo e menta fresca
- Olio evo q.b.
- Albume q.b.

Preparazione:

1. Mettere nel mixer i fiocchi di avena, il miglio soffiato, i semi di lino, il prezzemolo fresco tritato, la menta e frullare grossolanamente.
2. Versare in un piatto il tutto.
3. Spennellare le fette di arista con l'albume, passare nella panatura e mettere su carta forno.
4. Condire con un filo d'olio e cuocere ciascuna fetta in padella da entrambi i lati oppure in forno per 20 minuti a 200°C.

ROSE AL FORNO

Ingredienti per 1 pezzo:

- 2 fogli di pasta sottile per lasagne
- 70 g salmone affumicato
- 100 g fiocchi di latte/spalmabile (<10% di grassi)
- 1 zucchina
- 1 cucchiaio di semi misti

Preparazione:

1. Tagliare la zucchina a fettine fine in senso verticale e grigliare appena per ammorbidirla (oppure cuocere al microonde per 5 minuti).
2. Prendere i due fogli di pasta e farcire con salmone, fiocchi di latte e fettine di zucchine cotte.
3. Arrotolare dal lato lungo del rettangolo e ottenere un cannolo.
4. Tagliare in tre parti il cannolo e disporre i rotolini in teglia monodose di alluminio, rivestita con carta forno.
5. Distribuire in superficie i semini. Cuocere a 240°C per 15/20 minuti.

BURGER VEGETALE

Ingredienti per 6 burger:

- 300 g ricotta light
- 240 g piselli cotti
- 40 g parmigiano
- 50 ml albume (facoltativo)
- Basilico q.b.

Preparazione:

1. Unire nel mix la ricotta con i piselli e frullare per 2 minuti creando un impasto non liscio ma lasciando anche i piselli parzialmente interi. Versare in una ciotola e aggiungere il parmigiano, il basilico e l'albume.
2. Ora amalgamare bene con un cucchiaio e creare un impasto uniforme.
3. Con le mani umide, creare 6 panetti tondi e disporli in teglia su carta forno.
4. Dare la forma di disco tipica degli hamburger e poi infornare a 200°C modalità ventilato per 30 minuti.

TIMBALLO DI ZUCCHINE E PROSCIUTTO COTTO

Ingredienti:

- 300 g zucchine
- 4 fettine di scamorza
- 100 g prosciutto cotto magro
- 2 cucchiaini di pesto alla genovese
- 1 cucchiaino di parmigiano
- Basilico
- 1 cucchiaio di semi misti

Preparazione:

1. Lavare e tagliare le zucchine a fettine in senso verticale e mettere ad asciugare con un pochino di sale nello scolapasta per 2 ore (serve a tirare fuori l'acqua altrimenti restano troppo acquose).
2. Prendere una teglia e realizzare tre livelli alternando gli ingredienti in questo modo: zucchine, pesto q.b., fettine di scamorza, fettina di cotto, foglie di basilico e un pochino di semini.
3. Sull'ultimo strato potete aggiungere un cucchiaino di parmigiano per completare.
4. Cuocere a 180°C per 25/30 minuti e impostare in modalità ventilato per gli ultimi 3/4 minuti.
5. Si consiglia di bilanciare il pasto con un carboidrato a piacere.

GNOCCHI DI CECI

Ingredienti per 4 porzioni:

- 500 g ceci cotti
- 1 uovo
- farina di riso q.b.

Preparazione:

1. Frullare i ceci e poi aggiungere farina, uovo e un pizzico di sale per creare un impasto morbido e non troppo asciutto.
2. Ricavare dall'impasto i filoncini e con un coltello tagliare gli gnocchetti.
3. Cuocere in acqua bollente salata q.b. e assaggiare il grado di cottura a seconda se li preferite al dente o meno.

Condimento:

- 200 g gamberi freschi
- 200 g zucchine
- 2 cucchiai di olio
- 2 fiori di zucca
- Pepe q.b.
- 2 cucchiai di parmigiano (facoltativo)

Preparazione:

1. Tagliare le zucchine, pulire i fiori di zucca e i gamberi.

2. Mettere in padella tutti gli ingredienti, tenendo da parte il parmigiano. Cuocere 3 minuti a fuoco alto, aggiungendo un mestolo di acqua di cottura. Saltare gli gnocchi ben scolati e aggiungere il parmigiano per ottenere più cremina.

TORTA SALATA CON I BROCCOLI

Ingredienti:

- 2 fogli di pasta fillo
- 200 g broccoli surgelati
- 1 mozzarella light
- 200 ml albume
- Sale e pepe q.b.
- 1 cucchiaio di parmigiano

Preparazione:

1. Stendere i fogli di pasta fillo e inumidire bene il primo foglio con acqua.
2. Sovrapporre il secondo foglio e bagnare anche la superficie di quest'ultimo.
3. Piegare i fogli sovrapposti a metà e posizionarli all'interno di una teglia da plumcake.
4. Prendere i broccoli precedentemente scongelati e disporre dentro la teglia in modo ben fitto. Aggiungere poi la mozzarella (scolata bene dal siero) e l'albume.
5. Condire con un pizzico di sale e pepe e un pochino di parmigiano in superficie.
6. Chiudere i bordi laterali dei fogli e fermarli spennellando con un po' di acqua.
7. Infornare a 180°C ventilato per 35 minuti e aspettare che diventi tiepida prima di servire a tavola.

SOFFICINI MEDITERRANEI

Ingredienti per 3 sofficini:

- 1 foglio di pasta fillo
- Passata di pomodoro q.b.
- 125 g mozzarella light
- 10 g parmigiano
- Basilico

Preparazione:

1. Spennellare il foglio di carta fillo con un pochino di latte vegetale e tagliare verticalmente in 3 strisce.
2. Distribuire un pochino di mozzarella, di pomodoro, di parmigiano e una fogliolina di basilico sull'angolo della base di ogni striscia del foglio di pasta fillo.
3. Girare il foglio, creando un triangolino avvolgendo il ripieno e iniziare a ripiegare la pasta su se stessa, ottenendo un triangolo a ogni piega.
4. Spennellare la superficie con un altro pochino di latte.
5. Mettere i sofficini su carta forno e poi direttamente sulla griglia del forno.
6. Infornare a 180°C per 20/25 minuti e poi lasciare intiepidire.

CROSTATA SALATA

Ingredienti per la frolla:

- 300 g farina di lenticchie/ceci
- 50 g farina di mandorla
- 100 g yogurt greco
- 50 g semi misti
- 40 ml olio evo
- 50 ml acqua
- Sale q.b.

Ingredienti per la farcia:

- 200 g ricotta light
- 200 g fiocchi di latte
- 50 ml albume
- Sale q.b.
- 3 pepi q.b.
- 10 g parmigiano

Preparazione:

1. Tostare la farina di lenticchie/ceci in padella a fuoco medio.
2. Unire in un tegame la farina di mandorla, la farina di lenticchie/ceci, il mix di semi e girare con un cucchiaio.
3. A parte miscelare acqua, olio, yogurt e sale.

4. Versare i componenti liquidi nel mix di farine e creare una frolla compatta amalgamando per bene con un cucchiaio e poi con le mani.
5. Stendere un terzo dell'impasto su carta forno, in forma circolare, e una volta ben disteso, inserire in un testo a cerniera da 24 cm.
6. Creare la crema è semplice: basterà unire tutti gli ingredienti, girare con un cucchiaio di legno e versarli sulla base di frolla predisposta in teglia.
7. Spolverare con del parmigiano la superficie e distribuire le strisce di frolla sulla crema.
8. Infornare a 220°C per 20 minuti con modalità ventilata e poi 20 minuti con modalità statica.
9. Aspettare che arrivi a temperatura ambiente prima di servire.
10. Conservare in frigo per massimo tre giorni.

POLPETTONE DI TONNO

Ingredienti:

- 400 g tonno fresco
- 100 ml albume
- 100 g ricotta di capra/light
- Tanto basilico fresco
- 1 cucchiaio di parmigiano
- 1 cucchiaio di semi
- 150 g zucchine

Preparazione:

1. È consigliabile farsi macinare 2 volte il tonno fresco già dal pescivendolo, altrimenti per chi ha il tritacarne si può macinare a casa.
2. Mettere in un tegame il tonno macinato, l'albume montato un pochino a neve, la ricotta e il basilico.
3. Amalgamare con le mani per bene creando un impasto compatto e omogeneo.
4. Stendere l'impasto su carta forno, come se fosse una pizza, e distribuire nella parte centrale, in senso orizzontale, le zucchine tagliate fine.
5. Avvolgere le zucchine con l'impasto e creare un cannolo da chiudere anche alle estremità.

6. Dare la croccantezza cospargendo in superficie con i semi misti e il parmigiano (facoltativo) e infornare a 200°C ventilato per 1 ora.
7. Aspettare che si freddi per bene prima di tagliare, altrimenti si rompono le fette.
8. Scaldare appena prima di servire.

MILLEFOGLIE DI ZUCCA

Ingredienti:

- 6 fette tonde di zucca Butternut
- 1 mozzarella light
- 100 ml passata di pomodoro
- 1 cucchiaino di pesto
- Basilico fresco

Preparazione:

1. Tagliare la mozzarella in sei fettine e lasciare scolare bene in un setaccio (per almeno cinque ore o anche dalla mattina) per togliere tutto il siero.
2. Tagliare il collo della zucca in sei dischi alti 1 cm e cuocere in forno a 220°C per circa 20 minuti oppure al microonde per 15 minuti (non grigliare perché si seccano troppo).
3. Intanto, a parte, lavare il basilico e cuocere un pochino la salsa di pomodoro.
4. Una volta cotta la zucca creare i vari strati, scegliendo i dischi più larghi per la base e quelli più stretti per la punta.
5. Intervallare gli ingredienti in questo modo: zucca, mozzarella, pesto, pomodoro e basilico. Ripetere per tutti e tre gli strati.
6. Infornare nuovamente per 2 minuti e poi servire a tavola.

TORTA RUSTICA MELANZANE E COTTO

Ingredienti:

- 2 fogli di pasta fillo
- 200 g melanzane grigliate
- 100 g cotto magro
- Pizzico di pepe verde

Preparazione:

1. Stendere i fogli di pasta fillo e spennellare con acqua. Sovrapporli uno sull'altro e farcire con melanzane grigliate e prosciutto cotto.
2. Chiudere i lembi della pasta fillo coprendo per bene il ripieno e dare la forma di un quadrato.
3. Infornare a 180°C per 30 minuti.

FINTA PIZZA DI ZUCCHINE

Ingredienti:

- 400 g zucchine
- 100 g parmigiano
- 4 cucchiai di fiocchi di avena
- 200 ml albume
- 1 cucchiaio di olio

Preparazione:

1. Tagliare le zucchine alla julienne e unire tutti gli ingredienti in una ciotola.
2. Girare bene e creare l'impasto che sarà comunque non troppo legato. Versare su carta forno e stendere con le mani oliate per dare la forma.
3. Mettere la carta forno con l'impasto direttamente sulla griglia del forno e cuocere a 250°C in modalità ventilata per 30 minuti.
4. Tirare fuori dal forno, condire a piacere e se necessario (condimento da cuocere e non fresco) infornare nuovamente fino a cottura ultimata.
5. Per me formaggio spalmabile light e prosciutto crudo di Parma.

SCHIACCIATINE DI ZUCCA

Ingredienti per 9 pezzi:

- 400 g zucca/carote
- 90 g parmigiano
- 100 g farina di ceci
- 250 ml albume
- Paprica affumicata
- Rosmarino
- 1 cucchiaino di olio

Preparazione:

1. Tagliare la zucca cruda/carote alla julienne (non diversamente altrimenti non esce), unire in una ciotola tutti gli ingredienti e amalgamare con le mani l'impasto.
2. Versare in teglia rivestita con carta forno e stendere bene con le mani appena oliate.
3. Infornare a 220°C in forno ventilato per 30 minuti. Lasciare raffreddare prima di mangiare.

PASTA DI LEGUMI AL FORNO

Ingredienti:

- 150 g pasta di ceci o lenticchie
- 200 g melanzana/ peperoni
- 200 ml passata di pomodoro
- 1 cucchiaino di olio
- Acqua q.b.
- 1 mozzarella light
- 2 cucchiai di parmigiano
- Basilico q.b.

Preparazione:

1. Tagliare la mozzarella a pezzetti e lasciare scolare bene.
2. Tagliare la melanzana a tocchetti, dopo averla lavata.
3. Unire in una pentola: passata di pomodoro, olio evo, tanto basilico, melanzana e ½ bicchiere d'acqua. Cuocere inizialmente a coperchio chiuso e poi senza fino a ottenere un sugo ben asciutto, quasi cremoso.
4. Cuocere a parte la pasta lasciandola molto al dente. Scolarla e lasciar raffreddare.
5. Unire la pasta al sugo e amalgamare bene con due cucchiai di parmigiano.
6. Versare metà della pasta in teglia e schiacciare con il cucchiaio, poi distribuire metà mozzarella, poi coprire nuovamente con pasta e poi ancora mozzarella.
7. Infornare a 200°C con grill ventilato per 20/25 minuti.

CONCLUSIONE

La mia esperienza come esperta alimentare mi ha insegnato che è importante valutare gli alimenti da un punto di vista nutrizionale, ma allo stesso tempo bisogna rispettare gli aspetti psicologici e fisici del mangiare: l'occhio vuole sempre la sua parte, abbiamo bisogno di concederci dei premi, non dobbiamo sentirci in trappola e in una condizione di privazione. Mangiare deve essere un piacere, mangiare bene deve esserlo ancora di più. Per questo ho ideato *Bilanciamo*: perché volevo cancellare l'interpretazione sbagliata del termine dieta, allontanarla da una prospettiva di sofferenza, poco gusto e tanti sacrifici. Non è così. Si può diventare autonomi, bilanciare l'alimentazione, seguire ricette gustose e ad alto valore nutrizionale.

Spero che il metodo *Bilanciamo a*bbia spalancato per te una nuova prospettiva dandoti la possibilità di trovare un **migliore rapporto con il cibo**: niente stress, molto gusto e nessun surplus calorico. Seguire questi consigli ti permetterà di rispettare il tuo corpo senza dover tenere sotto controllo la bilancia ogni giorno. Voglio ringraziarti se mi hai seguito fin qui, davvero. Il mio grazie va a tutti quelli che hanno fatto parte di questo viaggio, quelli che mi hanno spinta a iniziare, quelli che mi hanno aiutata a continuare. Grazie a chi, in un modo o nell'altro, mi è stato accanto. Questo libro è per tutti voi.

Vostra,
Giulia

BIOGRAFIA

La Dottoressa Gulia Biondi è laureata in Biologia della Nutrizione con doppia specializzazione Master di 1° Livello in Nutrizione Clinica e in Scienza dell'Alimentazione dietetica applicata e fabbisogni nutrizionali degli sportivi.

Le sue attività principali sono relative all'insegnamento e la consulenza in ambito nutrizionale sia per privati sia per istituzioni di livello nazionale. Docente e relatrice nel Lazio per conto del CONI, docente di Educazione Alimentare del corso Master Chef di Antonello Colonna e del suo resort Valfredda di Labrico, Docente per la Fondazione Bio Campus all'Istituto Tecnico Superiore delle nuove tecnologie per il Made in Italy e per il Centro Europeo di Studi Manageriali. È membro del team di ricerca e sviluppo di prodotti alimentari e integratori sportivi per il mercato nazionale e internazionale.

Negli anni è stata richiesta la sua professionalità in occasione di incontri di settore e ha partecipato sia come docente sia come relatrice per congressi, scritto articoli per riviste medico-scientifiche occupandosi sempre di alimentazione sana e consapevole. Più volte è stata richiesta come consulente aziendale nella creazione di menù e la progettazione di un'alimentazione bilanciata per istituti di formazione per lo sport e centri di allenamento.

Esperta di Educazione Alimentare, tutta la sua vita ruota attorno al mondo dell'alimentazione. Ha sviluppato il metodo Bilanciamo per aiutare e semplificare l'approccio a una corretta alimentazione, dimenticando l'incubo della dieta e imparando a conoscere alimenti e nutrienti per evitare i problemi derivanti da un cattivo rapporto con il cibo. Frutto della sua esperienza sul campo, questo metodo didattico-educativo rispetta le Linee Guida del Ministero della Salute e prevede una giusta dose d'autonomia nell'individuo, necessaria affinché un'alimentazione equilibrata torni a essere un concetto quotidiano e non eccezionale. Bilanciamo fornisce i mezzi per avvicinarsi al cibo con lo spirito giusto.

Printed by Amazon Italia Logistica S.r.l.
Torrazza Piemonte (TO), Italy

21123490R00080